Aprende con Peppa Pig

Mi planeta

Papel certificado por el Forest Stewardship Council®

MIXTO
Papel | Apoyando la silvicultura responsable
FSC® C117695

Penguin Random House Grupo Editorial

Primera edición: enero de 2024

Licensed by:

Publicado en lengua española por Penguin Random House Grupo Editorial, S. A. U.
Travessera de Gràcia, 47-49. 08021 Barcelona

Printed in Spain – Impreso en España

ISBN: 978-84-488-6751-5
Depósito legal: B-19.420-2023

Diseño y maquetación: MYR Servicios Editoriales, S.L.

Impreso en Gráficas 94 de Hermanos Molina, S.L.
Sant Quirze del Vallès (Barcelona)

BE67515

Introducción pedagógica

¡Diviértete mientras aprendes con Peppa Pig!

Aprende con Peppa es una colección educativa pensada para lectores que empiezan a descubrir y analizar el mundo que los rodea. En esta nueva entrega de la colección, presentamos un formato didáctico sencillo pero muy completo, pensado para niños y niñas a partir de cuatro años, perfecto para motivar la exploración del entorno y el aprendizaje de conceptos útiles para su día a día.

El lector aprende junto a los personajes de Peppa Pig acerca de nuestro planeta, los **fenómenos naturales**, el **paisaje natural**, las **estaciones** y el **clima**, así como maneras de cuidar el medio ambiente y de valorar la diversidad de la naturaleza.

Además, a lo largo de la lectura encontramos distintas preguntas para trabajar la comprensión lectora.
Las preguntas buscan que los lectores describan y descubran su entorno cercano y expresen en sus propias palabras su relación con la realidad.

Otras ideas para trabajar este libro con los más pequeños son:

- Toma las preguntas como una oportunidad para que el niño aprenda y se exprese, siempre con paciencia, atención plena y refuerzo positivo.
- Pide a los pequeños que expliquen lo que han leído en cada página con sus propias palabras.
- También podéis replicar con dibujos algunos elementos del libro y colorearlos. A través del dibujo, los niños asimilan mejor el contenido.

CREADO POR EDUCADORES

EL MUNDO QUE NOS RODEA

Hoy Peppa y sus amigos aprenden con Madame Gazelle acerca del mundo que los rodea.

¡El planeta que nos rodea está lleno de diversidad!

¿Qué ves a tu alrededor?
¿Y si miras por la ventana?

¿Los árboles son iguales en la ciudad que en el bosque?
¿Y los animales?

¿Qué tiempo hace hoy?
¿Es siempre el mismo?

MI PLANETA

Vivimos en la Tierra. ¡Un planeta lleno de riqueza!

Es el único planeta que reúne las condiciones aptas para la vida: el aire que respiramos; el sol que nos mantiene calentitos y el agua que bebemos.

La Tierra, junto al resto de planetas del Sistema Solar, gira alrededor del Sol.

¿Sabías que el Sol es una estrella? ¡Señala las respuestas correctas! Nos proporciona:

LUZ	**SOMBRA**
CALOR	**AGUA**

El satélite que gira alrededor de la Tierra es la Luna.

La Tierra es un planeta rocoso y la mayor parte de su superficie está compuesta de agua: los océanos, los ríos, los lagos... Además de agua, encontramos grandes superficies de tierra separadas entre sí por los océanos.

¿Sabías que la Tierra siempre está girando sobre sí misma? ¡Aunque no lo notemos!

LOS CINCO CONTINENTES

Nuestro planeta está formado por continentes, superficies de tierra que se diferencian por razones geográficas y culturales.

Los continentes de la Tierra son:

América
Europa
África
Asia
Oceanía
¡y la Antártida!

En cada continente, encontramos diferentes **países**. Un país es un territorio con características geográficas y culturales propias. Cada uno tiene una bandera que lo representa. ¿Reconoces las banderas que llevan Peppa y sus amigos?

Kylie, la amiga de Peppa, vive en Australia. ¡Su continente es Oceanía! ¿Y tú? ¿En qué continente vives?

....

Solución: 1. México, 2. Australia, 3. Sudáfrica, 4. Francia, 5. Alemania, 6. Estados Unidos, 7. España, 8. Grecia, 9. Rusia, 10. Suiza, 11. Reino Unido.

LOS PAISAJES DE LA TIERRA

Cuando vas en coche de viaje con tu familia, lo que ves por la ventanilla es el paisaje.

El paisaje de la Tierra es muy diverso, y se conforma de elementos **naturales** (las playas, las montañas o los ríos, por ejemplo) y de las **construcciones** de las personas (las ciudades, las carreteras, tu cole o tu casa).

Hay distintos tipos de paisajes:

MONTAÑA

COSTA

DESIERTO

¡La naturaleza es maravillosa! ¡Mira cuánta diversidad de elementos podemos encontrar en la Tierra!

ISLA

LAGO

BOSQUE

¡Entre todos debemos cuidar el paisaje!

JUNGLA

FONDO MARINO

CUEVA

RÍO

SIERRA

LA FLORA Y LA FAUNA

Otros elementos naturales del paisaje son la flora y la fauna.

La FLORA es el conjunto de plantas que se pueden encontrar en una zona. Las plantas pueden ser propias del lugar o introducidas por las personas.

Las **plantas** son imprescindibles para el planeta, ya que ayudan a crear el aire que respiramos. Además de dar lugar a unos hermosos paisajes naturales, ¡la flora hace posible la vida en la Tierra!

Une con flechas cada elemento con su grupo correspondiente:

ABEJAS	FAUNA
LECHUGAS	
ROSAS	
MARIPOSAS	FLORA
ZANAHORIAS	
CARACOLES	

La FAUNA es el conjunto de todas las especies animales de una zona o región. Pueden ser salvajes, como los insectos o los peces, o domésticos, como las gallinas de la Abuela Pig.

EL CLIMA Y EL TIEMPO

En cada parte del mundo hay un clima diferente.

El **clima** es el conjunto de fenómenos atmosféricos (temperatura, presión, lluvia o viento) que se dan en un lugar por grandes periodos de tiempo.

En cambio, el **tiempo** es la situación atmosférica que ocurre en un momento y lugar concretos. **Por ejemplo**: ¿ahora mismo llueve o hace sol? ¡Ese es el tiempo que hace!

Clima cálido: como el tropical, que se caracteriza por ser un clima húmedo, cálido y con lluvias abundantes, o el desértico, que es caluroso y seco, con pocas lluvias.

Clima Templado:
como el mediterráneo, muy caluroso en verano y suave en invierno, o el continental, con altas temperaturas en verano y bajas en invierno.

¿Qué clima hay donde vives?

....

Señala dos características:

....

....

Clima frío: como el polar o el de alta montaña. ¡El polo norte es el lugar más frío de la Tierra!

LOS FENÓMENOS METEOROLÓGICOS

Los fenómenos meteorológicos son aquellas variaciones que se dan lugar en la atmósfera y que provocan diferentes reacciones en el tiempo.

Las precipitaciones: como la lluvia, el granizo o la nieve. A Peppa le gusta mucho jugar en la lluvia y los charcos de barro que forma. Antes de salir, ¡siempre se pone el chubasquero y las botas!

El arcoíris: Cuando llueve pero el sol sigue brillando se da el fenómeno favorito de Peppa, ¡el arcoíris!

Los vientos: Cuando se levanta aire es el momento de sacar la cometa, pero si es muy fuerte es mejor quedarse en casa jugando.

Las tormentas: Cuando el cielo se llena de nubes y llega la tormenta con sus rayos y truenos, Peppa siempre piensa en qué pueden hacer mientras esperan a que pare. Un juego en familia ¡siempre es divertido!

EL DÍA Y LA NOCHE

El día es el periodo de tiempo que va desde que sale el sol hasta que se pone. Desde que atardece y hasta que el sol vuelve a salir a la mañana siguiente transcurre el periodo que llamamos noche.

Durante el día se pueden hacer muchas actividades: ir a la escuela, hacer tareas, practicar deportes. Por ejemplo, a Peppa y a George les encanta ir a la piscina.

Cuando llega la noche es hora de descansar, pero si el cielo está despejado, a Peppa y a su familia les gusta ver las estrellas del cielo brillar.

¿Cuál es tu actividad favorita durante el día?
¿Y cuál es tu rutina por la noche?

LAS ESTACIONES DEL AÑO

La Tierra gira alrededor del sol y así se generan las estaciones. El año tiene cuatro estaciones.

En primavera, crecen las flores y todo se llena de color. Los campos están verdes.

En verano, los días son más largos y la Tierra recibe más horas de luz. ¡Por eso hace más calor!

En otoño, se caen las hojas de los árboles. Llueve y hace viento.

En invierno, hace mucho frío. A veces nieva. ¡A Peppa le encanta la nieve!

¿Cuál es tu estación favorita del año? ¿Por qué?

LAS ESTACIONES Y SUS FRUTOS

Como ya has visto, cada estación tiene sus propias características y, por eso, en cada una se dan unas frutas y verduras y otras no. El manzano de Peppa cambia según la estación.

PRIMAVERA

VERANO

OTOÑO

INVIERNO

En **primavera**, el manzano de Peppa se llena de flores, y en **verano** ya tiene sus primeros frutos, ¡pero aún no se pueden comer! En **otoño**, las hojas cambian de color y poco a poco se caen. ¡Las manzanas están listas! En **invierno**, el árbol pierde sus hojas. ¡Y vuelta a empezar!

¡Las frutas de temporada saben muy ricas porque se recolectan en su mejor momento!

Aunque puede depender de cada zona y su clima, en **primavera**, encontramos fresas o ciruelas, en **verano**, aparecen los higos, el melón, los melocotones o la sandía... En **otoño**, se dan las manzanas, las castañas o las calabazas, y en **invierno** saben buenísimas las uvas y los cítricos, como las mandarinas.

¡NOS ENCANTA NUESTRO PLANETA!

En clase, Madame Gazelle pregunta a los niños qué gestos pueden hacer ellos hoy para cuidar del planeta.

¡LAS TRES R!

Para cuidar el planeta, podemos reducir, reutilizar y reciclar.
REDUCIR el consumo de plástico o **ELECTRICIDAD**.
REUTILIZAR los juguetes que ya no usas. ¡Quizá los puede aprovechar otro niño o niña!
RECICLAR lo que no puedas reducir, ni reutilizar. ¡Casi seguro se puede reciclar!
¡Ahora ya sabes cómo!

APAGAR LAS LUCES DE CASA QUE NO ESTAMOS USANDO.

PLANTAR MI VERDURA FAVORITA EN LA TERRAZA.

APROVECHAR BIEN LAS DOS CARAS DEL PAPEL.

¡Y AQUÍ ALGUNAS IDEAS MÁS!

Reciclar los envoltorios de la merienda.

Cerrar el grifo mientras me lavo los dientes.

Ir al cole en autobús, en vez de en coche.

Llevar una bolsa de tela a la compra.

Y tú, ¿qué puedes hacer hoy para cuidar el planeta?

Aprende con Peppa Pig

Otros títulos de la colección

Diviértete mientras aprendes con Peppa y sus amigos con la nueva colección educativa

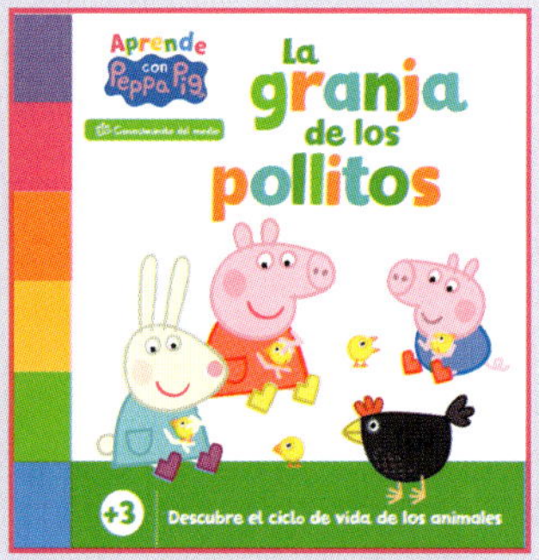

Descubre más en: www.learnwithpeppa.com